# ¡Arriba!

## Nuevos enfoques para ti

### Grammatisches Beiheft 1

C.C.Buchner

# ¡Arriba!
## Nuevos enfoques para ti

Herausgegeben von Melanie Hohmann und Sabine Wolf-Zappek

Grammatisches Beiheft 1

Bearbeitet von Melanie Hohmann und Anna Christina Csenar

Dieser Titel ist auch als digitale Ausgabe unter www.ccbuchner.de erhältlich.

**Bildnachweis**

Andreas Gerster, Bamberg: Umschlag (2); Michaela Silvia Hoffmann, Bamberg: Umschlag (5), 7, 8 (2), 9, 17, 21

1. Auflage, 2. Druck 2017
Alle Drucke dieser Auflage sind, weil untereinander unverändert, nebeneinander benutzbar.

Dieses Werk folgt der reformierten Rechtschreibung und Zeichensetzung. Ausnahmen bilden Texte, bei denen künstlerische, philologische oder lizenzrechtliche Gründe einer Änderung entgegenstehen.



Layout und Satz: tiff.any GmbH, Berlin
Illustrationen: Katja Rau, Berglen
Druck und Bindung: Creo Druck & Medienservice, Bamberg

www.ccbuchner.de

ISBN 978-3-661-**80031**-8

# G Gramática

## 1 Hablar de la gramática Redemittel

### Die Angleichung der Substantive und der Adjektive

la concordancia (die Angleichung)
el número (die Anzahl)
el singular/el plural (die Einzahl/Mehrzahl)
el género (das Geschlecht)
masculino (männlich)
femenino (weiblich)

### Die Bildung der Verben und der Zeiten

¿Cómo se forma …? (Wie bildet man …?)
formar (bilden)
la forma correcta (die richtige Form)
terminar en (enden auf)
la terminación (die Endung)
el radical (der Wortstamm)
la primera/segunda/tercera persona del singular/plural
regular/irregular (regelmäßig/unregelmäßig)
el verbo auxiliar (das Hilfsverb)
el infinitivo (die Grundform: gehen)
el participio (das Partizip Perfekt: gegangen)
el gerundio (das Partizip Präsens: gehend)

### Die Unterscheidung

¿Cuándo se usa el verbo …/ el tiempo …?
la diferencia (der Unterschied)
la palabra clave (das Signalwort)
indicar que (anzeigen, dass)

### Etwas entdecken und Vermutungen äußern

¿Qué os llama la atención? (Was fällt euch auf?)
Creo que … (Ich glaube, dass …)
Se forma con … (Es wird gebildet mit …)
Se usa cuando … (Man benutzt es, wenn …)

### Fehler benennen und korrigieren

cometer un error (einen Fehler machen)
corregir (berichtigen)
Creo que hay un error de …
… concordancia (Angleichung): X es femenino/masculino.
… sintaxis (Satzbau): X va delante/detrás de Y. (X kommt vor/hinter Y.)
… formación (Bildung): Aquí necesitas la primera/segunda/tercera persona del singular/plural.
… vocabulario (Vokabular): Es mejor usar X en lugar de Y. (Es ist besser, X an Stelle von Y zu benutzen.)
… uso (Gebrauch): En este caso se usa … porque … (In diesem Fall benutzt man …, weil …)

# 2 Los artículos Die Artikel

## 2 1 El artículo determinado Der bestimmte Artikel

| | männlich | weiblich |
|---|---|---|
| Singular (Einzahl) | el río<br>der Fluss | la plaza<br>der Platz |
| Plural (Mehrzahl) | los ríos<br>die Flüsse | las plazas<br>die Plätze |

Im Spanischen gibt es nur männliche und weibliche Substantive.

Der bestimmte Artikel im Singular für männliche Substantive heißt el, der für weibliche la.

→ el parque/la familia

Für den Plural verwendest du für männliche Substantive los, für weibliche las.

→ el parque – los parques/la familia – las familias

Wenn man im Spanischen von einer Gruppe mit männlichen und weiblichen Personen spricht, verwendet man immer die männliche Form, auch wenn nur eine männliche Person dabei ist! Geschwister sind also Brüder – los hermanos.

→ 9 *chicas* und 1 *chico* sind also …?

## 2 2 El artículo indeterminado Der unbestimmte Artikel

| | männlich | weiblich |
|---|---|---|
| Singular (Einzahl) | un perro<br>ein Hund | una perra<br>eine Hündin |

Der unbestimmte Artikel im Singular (ein, eine) wird ähnlich wie der bestimmte Artikel im Singular verwendet, für männliche Substantive heißt er un, für weibliche una.

→ un pez/una mascota

Die Pluralformen unos und unas können im Spanischen unterschiedliche Bedeutungen haben:

Tengo unos 20 amigos/unas 20 amigas. → Ich habe ungefähr 20 Freunde/Freundinnen.
Espero unos minutos. → Ich warte einige/ein paar Minuten.

## 3 Los sustantivos Die Substantive

Im Spanischen werden nur Eigennamen (von Personen, Ländern usw.) und der Satzanfang groß geschrieben. Alle übrigen Substantive schreibt man klein.

### 3 1 El género de los sustantivos Das Geschlecht der Substantive

Die spanischen Substantive können nur männlich (maskulin) oder weiblich (feminin) sein:

→ el fútbol/la música

Im Deutschen hingegen gibt es **drei** grammatische Geschlechter:

männlich (Maskulinum) → der Platz
weiblich (Femininum) → die Kirche
sächlich (Neutrum) → das Tor

Im Englischen existiert nur **ein** bestimmter Artikel für alle Substantive:

→ the square
→ the church
→ the gate

Die Geschlechter einiger Substantive unterscheiden sich im Spanischen von den deutschen Geschlechtern:

→ el bar – die Bar
→ la plaza – der Platz
→ el piano – das Klavier
→ la chica – das Mädchen

Vor weiblichen Substantiven, die mit einem betonten a- oder ha- beginnen, wird im Spanischen im Singular der männliche Artikel el gebraucht, um den Sprachfluss zu erleichtern. Das Geschlecht ändert sich dadurch aber nicht, was du auch am (weiblichen) Adjektiv erkennen kannst!

el agua *f.* (das Wasser)
el agua fría (das kalte Wasser)
las aguas (die Gewässer)

Es gibt einen kleinen Lerntrick: Die meisten spanischen Substantive, die auf -o enden, sind männlich (el amigo), die auf -a enden, weiblich (la playa)!

## 3 2 El plural de los sustantivos Der Plural der Substantive

Möchtest du ausdrücken, dass es von einer bestimmten Sache oder Person mehrere gibt, brauchst du die Pluralform des Substantivs. Entscheidend für die Bildung des spanischen Plurals ist der letzte Buchstabe des Wortes:

| endet das Wort auf einen Vokal (a – e – i – o – u) | + s |
|---|---|
| padre + s → padres<br>familia + s → familias<br>libro + s → libros | |

| endet das Wort auf einen Konsonanten | + es |
|---|---|
| mar + es → mares<br>ciudad + es → ciudades | |

Endet ein Substantiv auf -z, wird die Pluralform mit -ces gebildet:

el pez → los peces

Wenn du den Plural mit -es bildest, wird das Substantiv um eine Silbe länger. Manchmal passiert es dann, dass sich der Akzent verschiebt, oder dass nur im Singular oder nur im Plural ein Akzent gesetzt werden muss, wie bei **la habitación → las habitaciones**. Schau dir dazu die Akzentregeln noch einmal an. G 9

# 4 Los pronombres Die Pronomen

## 4 1 Los pronombres personales Die Personalpronomen

Möchtest du ein Substantiv im Satz nicht wiederholen, kannst du wie im Deutschen an dessen Stelle ein Personalpronomen/Subjektpronomen verwenden:

La chica se llama Sofia. ~~Sofia~~ es la hermana de Daniel. → La chica se llama Sofia. **Ella** es la hermana de Daniel.

| | männlich | weiblich |
|---|---|---|
| Singular | yo (ich) | |
| | tú (du) | |
| | él (er) | ella (sie) |
| | usted (Sie) | |
| Plural | nosotros (wir)<br>vosotros (ihr)<br>ellos (sie) | nosotras (wir)<br>vosotras (ihr)<br>ellas (sie) |
| | ustedes (Sie) | |

Auch hier benutzt man die weiblichen Formen im Plural (**nosotras**, **vosotras**, **ellas**) nur bei Gruppen, die nur aus weiblichen Personen bestehen!

Im Gegensatz zum Deutschen und Englischen werden die Personalpronomen im Spanischen in der Regel nicht genannt, da sie bereits in den Verbformen enthalten sind. G 5
Du gebrauchst sie meist nur, wenn:

- du einen Gegensatz deutlich machen möchtest:

**Sofia:** Esta es mi amiga Lupe. **Yo** soy de Alemania, pero **ella** es de México.
**Sofia:** Das ist meine Freundin Lupe. Ich bin aus Deutschland, aber sie kommt aus Mexiko.

- der Bezug sonst nicht eindeutig ist:

**Daniel:** Mira, ellos son Nicolás y María. **Él** también es de Triana.
**Daniel:** Schau mal, das sind Nicolás und María. Er ist auch aus Triana.

## 4 2 Los pronombres interrogativos Die Fragepronomen

Interrogativpronomen oder „Fragewörter“ sind notwendig, um Fragen zu formulieren. Die spanischen Fragepronomen stehen wie die deutschen am Anfang des Satzes.

Um Fragen zu kennzeichnen, setzt man im Spanischen nicht nur ans Satzende ein Fragezeichen, sondern auch an den Satzanfang ein umgekehrtes Fragezeichen → ¿…?

Alle Fragewörter tragen einen **Akzent**!

| | | |
|---|---|---|
| ¿**Cómo** te llamas? (Wie heißt du?) | ¿cómo? | wie? |
| ¿**Cuántos** años tienes? (Wie alt bist du? = Wie viele Jahre …) | ¿cuánto/a/os/as? | wie viele? |
| ¿**De dónde** eres? (Woher kommst du?) | ¿de dónde? | woher? |
| ¿**Adónde** vas? (Wohin gehst du?) | ¿adónde? | wohin? |
| ¿**Dónde** vives? (Wo wohnst du?) | ¿dónde? | wo? |
| ¿**Quién** eres? (Wer bist du?)<br>¿**Quiénes** son tus amigos? (Wer sind deine Freunde?) | ¿quién?<br>¿quiénes? | wer? |
| ¿**Qué** haces? (Was machst du?)<br>¿**Qué** idiomas hablas? (Welche Sprachen sprichst du?) | ¿qué? | was?<br>welche? |
| ¿**Por qué** estás aquí? (Warum bist du hier?) | ¿por qué? | warum? |
| ¿**Cuándo** quedamos? (Wann treffen wir uns?) | ¿cuándo? | wann? |

Das Fragepronomen **¿quién?** muss in der Zahl (Singular und Plural) angepasst werden, je nachdem, ob das Prädikat des Satzes im Singular oder im Plural steht.

→ ¿**Quién** es tu mejor amiga? (Wer ist deine beste Freundin?)

→ ¿**Quiénes** son tus primos? (Wer sind deine Cousins?)

Das Fragepronomen **¿cuánto?** muss nicht nur in der Zahl (Singular und Plural) angepasst werden sondern auch im Geschlecht (männlich oder weiblich.)

→ ¿**Cuánto** es? (Wie viel kostet das?)

→ ¿**Cuántas** hermanas tienes? (Wie viele Schwestern hast du?)

## 4 3 Die Demonstrativbegleiter Los determinantes demostrativos

Um zu zeigen, dass du über eine bestimmte Person oder einen bestimmten Gegenstand sprichst, verwendest du Demonstrativbegleiter.

→ **Esta** es Sofia. Es la hermana de Daniel.

| | **este** = dieser hier | | **ese** = dieser da | | **aquel** = jener dort | |
|---|---|---|---|---|---|---|
| | Singular | Plural | Singular | Plural | Singular | Plural |
| männlich<br>weiblich | este<br>esta | estos<br>estas | ese<br>esa | esos<br>esas | aquel<br>aquella | aquellos<br>aquellas |
| | Nähe (beim Sprecher) | | Nicht-Nähe (vom Sprecher entfernt) | | Ferne (weit vom Sprecher entfernt) | |

Die Demonstrativbegleiter funktionieren wie die Artikel: Sie richten sich in Geschlecht (männlich oder weiblich) und Zahl (Singular oder Plural) nach dem Substantiv, das sie begleiten.

**Estos** son Nicolás y Pablo. (Das hier sind Nicolás und Pablo.)

→ Es sind zwei Personen (Plural).
→ Beide sind männlich.

## 4 4 Los determinantes posesivos Die Possessivbegleiter

Possessivbegleiter werden auch besitzanzeigende Fürwörter genannt. Du verwendest sie, wenn du ausdrücken möchtest, dass etwas zu jemandem gehört:

→ **mi** madre – meine Mutter
→ **nuestra** familia – unsere Familie

| | Singular | | Plural | |
|---|---|---|---|---|
| | ♂ | ♀ | ♂ | ♀ |
| yo | mi primo/mi prima | | mis primos/mis primas | |
| tú | tu primo/tu prima | | tus primos/tus primas | |
| él / ella / usted | su primo/su prima | | sus primos/sus primas | |
| nosotros/as | nuestro primo | nuestra prima | nuestros primos | nuestras primas |
| vosotros/as | vuestro primo | vuestra prima | vuestros primos | vuestras primas |
| ellos/as / ustedes | su primo/su prima | | sus primos/sus primas | |

Im Gegensatz zum Deutschen richtet sich das Geschlecht der Possessivbegleiter im Spanischen nicht nach dem Besitzer, sondern nur nach dem Besitz, also nach dem, was jemandem gehört oder zu jemandem gehört:

→ **Sofia** hat einen Hund. **Ihr** Hund heißt Speedy.
→ Jorge y Paloma: –Tenemos una **gata**. **Nuestra** gata se llama Dama.

Die Possessivbegleiter **mi/s**, **tu/s** und **su/s** sind in der männlichen und weiblichen Form gleich. **Nuestro/s** und **vuestro/s** richten sich im Geschlecht nach dem zugehörigen Substantiv.

yo y mi familia = nuestra familia
tú y tu familia = vuestra familia

## 4 5 Los pronombres reflexivos Die Reflexivpronomen

Manche Verben drücken aus, dass du eine Handlung dir gegenüber ausführst.

→ peinarse: **Te** peinas. → Du kämmst **dich** (und nicht z. B. deinen Hund!).

Diese Verben können nicht alleine stehen, sie brauchen ein Reflexivpronomen. Dieses Reflexivpronomen bezieht sich immer auf die Person, auf die sich auch das Verb bezieht.

Mir

| Person | Reflexivpronomen | reflexives Verb: llamarse |
|---|---|---|
| yo mir | **me** mir | llamo |
| tú dir | **te** dir | llamas |
| él/ella/usted ihr | **se** ihr/ihm | llama |
| nosotros/as wir | **nos** uns | llamamos |
| vosotros/as ihr | **os** ihnen | llamáis |
| ellos/as/ustedes sie | **se** | llaman |

Die Reflexivpronomen können an verschiedenen Stellen im Satz stehen:

| | | |
|---|---|---|
| 1. | Wenn nur eine konjugierte Verbform vorhanden ist, müssen sie davor stehen: | Todos los días Sofia **se levanta** a las siete.<br>(Sofia steht jeden Tag um sieben Uhr auf.) |
| 2. | Wenn das reflexive Verb im Infinitiv steht, musst du das Reflexivpronomen anhängen: | Hoy Daniel no tiene tiempo para **ducharse**.<br>(Daniel hat heute keine Zeit zum Duschen.) |
| 3. | Wenn ein Hilfsverb und ein Infinitiv im Satz vorkommen, kannst du dir aussuchen, ob du das Reflexivpronomen an den Infinitiv anhängen oder vor das konjugierte Hilfsverb stellen möchtest.<br>Das ist beispielsweise bei den Modalverben so, die mit dem Infinitiv verwendet werden: | Hoy quiero **acostarme** más tarde.<br>Ich möchte heute später ins Bett gehen.<br>oder<br>Hoy **me** quiero **acostar** más tarde.<br>Ich möchte heute später ins Bett gehen. |

## 4 6 Los determinantes y pronombres indefinidos
## Die Indefinitbegleiter und -pronomen

Die Indefinitbegleiter und -pronomen heißen auch „unbestimmte" Begleiter bzw. Pronomen. Sie sagen etwas über eine Menge aus, die nicht näher bestimmt ist.

→ En la familia de Lupe hay **mucha** gente. → viele Leute; man nennt nicht die exakte Anzahl.

→ Los mellizos tienen **pocos** primos. → wenige Cousins; auch hier wird nicht gesagt, wie viele es sind.

Der Indefinitbegleiter bzw. das Indefinitpronomen **todo** kann unterschiedliche Bedeutungen haben.

| | |
|---|---|
| → todo: | alles |
| → todo el resto (der ganze Rest): | der/die ganze + Substantiv |
| → todos: | alle |
| → todos los libros (alle Bücher): | alle + Substantiv |

**Mucho**, **poco** und **todo** beziehen sich immer auf ein Substantiv und werden wie Adjektive angeglichen.

→ mucho + **la** gente → much**a** gente (viele Leute)

→ poco + **los** primos → poc**os** primos (wenige Cousins)

→ todo + **las** revistas → tod**as** las revistas (alle Zeitschriften)

## 5 Los verbos Die Verben

Durch den Gebrauch von Verben kannst du Tätigkeiten, Vorgänge oder Zustände ausdrücken.

→ Sofia **habla** alemán y un poco de español.
(Sofia spricht Deutsch und ein bisschen Spanisch.)

Verben werden im Spanischen immer an die Person angepasst, die etwas tut; das heißt, sie werden konjugiert.

→ Daniel y Sofia **cenan** en casa. (Daniel und Sofia essen zuhause zu Abend.)

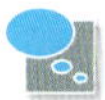

Im Englischen kennst du sicher den Satz *„he, she, it – ‚s' muss mit"*, der besagt, dass eben nur die 3. Person Singular in der Gegenwart angeglichen wird:

→ I say something.    She says something.

Im Deutschen werden die Verben grundsätzlich auch an die Person oder Sache angeglichen, allerdings entsprechen die Formen der 1. und 3. Person Plural dem Infinitiv:

→ wir essen, sie essen.

Spanische Verben bestehen immer aus einem Stamm und einer der drei Endungen **-ar**, **-er** oder **-ir**.

Die Endung zeigt dir an, wie die Verben konjugiert erden.

| Infinitiv | Stamm | Endung |
|---|---|---|
| trabajar | trabaj- | ar |
| comer | com- | er |
| escribir | escrib- | ir |

## 5 1 El presente de indicativo Das Präsens

### 5 1.1 Los verbos regulares Die regelmäßigen Verben

Regelmäßige Verben werden alle nach demselben Muster konjugiert; das heißt, dass du alle regelmäßigen Verben konjugieren kannst, wenn du diese Endungen kennst.

Die Verben auf **-ar**: hablar

| Singular | | | Plural | |
|---|---|---|---|---|
| 1 | yo | habl**o** | nosotros/as | habl**amos** |
| 2 | tú | habl**as** | vosotros/as | habl**áis** |
| 3 | él/ella/usted | habl**a** | ellos/as/ustedes | habl**an** |

Die Verben auf **-er** und **-ir**: comer und vivir

| Singular | | | | Plural | | |
|---|---|---|---|---|---|---|
| 1 | yo | com**o** | viv**o** | nosotros/as | com**emos** | viv**imos** |
| 2 | tú | com**es** | viv**es** | vosotros/as | com**éis** | viv**ís** |
| 3 | él/ella/usted | com**e** | viv**e** | ellos/as/ustedes | com**en** | viv**en** |

Bei den regelmäßigen Verben auf **-er** und **-ir** unterscheiden sich nur die Formen von **nosotros/as** und **vosotros/as**; so kannst du sie dir leichter merken!

## 5 1.2 Los verbos irregulares Die unregelmäßigen Verben

Unregelmäßige Verben heißen so, weil sie bei einer oder sogar bei mehreren Personalformen Besonderheiten aufweisen, die sich nicht an das Muster der regelmäßigen Verben halten.

### a. Die Verben *ser, hay, estar* und *ir*

#### Das Verb *ser*

Das Verb **ser** ist unregelmäßig, so dass du alle Verbformen auswendig lernen musst:

| | Singular | | Plural | |
|---|---|---|---|---|
| 1 | yo | **soy** | nosotros/as | **somos** |
| 2 | tú | **eres** | vosotros/as | **sois** |
| 3 | él/ella/usted | **es** | ellos/as/ustedes | **son** |

Ser verwendest du, wenn …

- du deinen Namen mitteilst. → Soy Sofia. (Ich bin Sofia.)
- du eine Eigenschaft angibst. → España es fenomenal. (Spanien ist großartig.)
- du sagst, wo du oder z. B. deine Familie herkommt. → Soy/Son de Düsseldorf. (Ich bin/Sie sind aus Düsseldorf.)
- du das Aussehen oder den Charakter von jemandem beschreibst. → María es morena. Es una chica muy activa. (María ist dunkelhaarig. Sie ist sehr lebhaft.)
- du etwas definierst oder jemanden identifizierst. → ¿Qué es? – Es una montaña. (Was ist das? – Das ist ein Berg.)
  → ¿Quién es? – Es la hermana de Daniel. (Wer ist das? – Das ist die Schwester von Daniel.)

Im Deutschen sagst du: Ich bin Daniel.
Im Spanischen genügt: Soy Daniel.

Das *Ich* steckt hier schon in der Verbform.
Dies gilt auch für alle anderen Verbformen.

*eres*
du — bist

## Die unveränderliche Form *hay*

Die Verbform „hay" lässt sich mit „es gibt"/„es ist" oder „es sind" übersetzen. Sie ist unveränderlich, so dass du sie nie an bestimmte Personen anpasst.

**Hay** verwendest du, wenn …

- danach Substantive **ohne Artikel** oder **mit einem unbestimmten Artikel** folgen.
  → En el aula **hay mesas y una pizarra**. (In der Klasse gibt es Tische und eine Tafel.)
- danach Mengenangaben folgen.
  → **Hay 22 sillas** en el aula. (Es sind 22 Stühle in der Klasse.)
  → **Hay muchas carpetas.** (Es gibt viele Mappen.)

## Das Verb *estar*

| | Singular | | Plural | |
|---|---|---|---|---|
| 1 | yo | estoy | nosotros/as | estamos |
| 2 | tu | estás | vosotros/as | estáis |
| 3 | el/ella/usted | está | ellos/as/ustedes | están |

Das Verb **estar** bedeutet wie **ser** „sein", aber auch „sich befinden".

Im Deutschen unterscheiden wir nicht immer zwischen diesen beiden Bedeutungen:

Daniel y Sofia **están** en el cole. → Daniel und Sofia **sind** in der Schule.

↕ ! ↕ =

Daniel y Sofia **son** mellizos. → Daniel und Sofia **sind** Zwillinge.

Im Spanischen hingegen gibt es unterschiedliche Verwendungsmöglichkeiten für die beiden Verben.

**Estar** verwendest du, wenn …

- du angeben möchtest, wo sich jemand befindet.
  → –¿Dónde estás? – Estoy en el cole. (Wo bist du? – Ich bin in der Schule.)
- du sagen möchtest, wie es jemandem gerade geht (in welchem Zustand er sich „befindet").
  → –¿Cómo estás? – Muy bien. (Wie geht's? – Sehr gut.)

## Das Verb *ir*

| | Singular | | Plural | |
|---|---|---|---|---|
| 1 | yo | voy | nosotros/as | vamos |
| 2 | tú | vas | vosotros/as | vais |
| 3 | él/ella/usted | va | ellos/as/ustedes | van |

### b. Die Spaltungsverben/Verben mit Vokaländerung

Bei manchen Verben kommt es in einigen Formen zu einer Veränderung im Stammvokal. Diese Formen sind:

→ die 1. Person Singular (yo)

→ die 2. Person Singular (tú)

→ die 3. Person Singular und Plural (él/ella/usted und ellos/ellas/ustedes)

Du kannst diese Formen auch daran erkennen, dass bei ihnen der Vokal im **Wortstamm** betont wird.

Man teilt diese Verben in verschiedene Gruppen ein, je nachdem wie sich der Stammvokal verändert. *jugar* gehört beispielsweise in die Gruppe u → ue.

| | u → ue: jugar (spielen) | o → ue: poder (können) | e → ie: querer (wollen, mögen) |
|---|---|---|---|
| yo | juego | puedo | quiero |
| tú | juegas | puedes | quieres |
| él/ella/usted | juega | puede | quiere |
| nosotros/as | jugamos | podemos | queremos |
| vosotros/as | jugáis | podéis | queréis |
| ellos/as/ustedes | juegan | pueden | quieren |

### c. Die Verben mit unregelmäßiger 1. Person Singular

Manche Verben sind weitgehend regelmäßig, bilden aber eine Ausnahme in der 1. Person Singular, zum Beispiel *hacer* und *salir*.

Es gibt auch Kombinationen aus verschiedenen „Unregelmäßigkeiten". Diese Verben haben eine unregelmäßige 1. Person Singular und eine Vokaländerung, zum Beispiel *tener* und *venir*.

| | hacer (machen) | salir (ausgehen) | tener (haben) | venir (kommen) |
|---|---|---|---|---|
| yo | hago | salgo | tengo | vengo |
| tú | haces | sales | tienes | vienes |
| él/ella/usted | hace | sale | tiene | viene |
| nosotros/as | hacemos | salimos | tenemos | venimos |
| vosotros/as | hacéis | salís | tenéis | venís |
| ellos/as/ustedes | hacen | salen | tienen | vienen |

### d. Das Verb *gustar*

Wenn du ausdrücken möchtest, dass dir etwas gefällt, benutzt du das Verb **gustar**.

→ A Sofia le gusta mucho tocar la guitarra. (Sofia spielt sehr gern Gitarre.)

→ A los chicos les gusta el fútbol. (Die Kinder mögen Fußball.)

→ Y a ti, ¿te gustan mis nuevos amigos? (Und dir, gefallen dir meine neuen Freunde?)

| betontes Objektpronomen | unbetontes Objektpronomen | Verb | Objekt |
|---|---|---|---|
| A mí | me | gusta<br>gustan<br>gusta | la canción.<br>(Substantiv Singular)<br>las canciones.<br>(Substantiv Plural)<br>hacer deporte.<br>(Verb Singular) |
| A ti | te | | |
| A él/ella/usted | le | | |
| A nosotros/as | nos | | |
| A vosotros/as | os | | |
| A ellos/ellas | les | | |

Die Verbform von *gustar* (Singular oder Plural) richtet sich im Spanischen immer nach der Anzahl der Sachen, die gefallen. Das funktioniert im Deutschen übrigens genauso, da das Verb natürlich an das Subjekt anglichen werden muss:

A Sofia le gust**a el perro Speedy**. → Ihr **gefällt der Hund Speedy**.

A Sofia le gust**an los perros**. → Ihr **gefallen Hunde** (im Allgemeinen).

Das unbetonte Objektpronomen darfst du nie weglassen! Das betonte Objektpronomen verwendest du nur, wenn du betonen möchtest, dass einer bestimmten Person etwas gefällt oder auch nicht gefällt. Wenn klar ist, um welche Person es sich handelt, kannst du es weglassen!

## 5 1.3 Los verbos modales Die Modalverben

Im Deutschen kennen wir sechs Modalverben: dürfen – müssen – können – mögen – sollen – wollen. Mit diesen Verben können wir den Inhalt einer Aussage ändern – es ist zum Beispiel ein Unterschied, ob jemand etwas tun *muss* oder tun *darf*. Diese Verben stehen immer mit dem Infinitiv.

Im Spanischen funktionieren diese Verben genauso:

→ ¿**Quieres ir** al cine? → querer + infinitivo (Möchtest du ins Kino gehen?)

→ Claro, **podemos ir** a las siete. → poder + infinitivo (Klar, wir können um 19 Uhr gehen.)

→ Pero primero **tengo que** hacer los deberes. → tener que + infinitivo (Aber erst muss ich die Hausaufgaben machen.)

## 5 1.4 Los verbos reflexivos Die reflexiven Verben

Manche Verben drücken aus, dass du eine Handlung dir gegenüber ausführst.

peinarse: Te peinas. → Du kämmst **dich** (und nicht z. B. deinen Hund!).

Diese Verben können nicht alleine stehen; sie brauchen ein Reflexivpronomen. Dieses Reflexivpronomen bezieht sich immer auf die Person, auf die sich auch das Verb bezieht. G 4.5

| Person | Reflexivpronomen | reflexives Verb: llamarse |
|---|---|---|
| yo | me | llamo |
| tú | te | llamas |
| él/ella/usted | se | llama |
| nosotros/as | nos | llamamos |
| vosotros/as | os | llamáis |
| ellos/as/ustedes | se | llaman |

Diese Verben unterscheiden sich von anderen nur durch die Reflexivpronomen, ansonsten werden sie konjugiert wie ihre nicht reflexiven Verwandten. Die Reflexivpronomen können an verschiedenen Stellen im Satz stehen.

| | | |
|---|---|---|
| 1. | Wenn nur eine konjugierte Verbform vorhanden ist, müssen sie davor stehen: | Todos los días Sofia se **levanta** a las siete.<br>(Sofia steht jeden Tag um sieben Uhr auf.) |
| 2. | Wenn das reflexive Verb im Infinitiv steht, musst du das Reflexivpronomen anhängen: | Hoy Daniel no tiene tiempo para **duchar**se.<br>(Daniel hat heute keine Zeit zum Duschen.) |
| 3. | Wenn ein Hilfsverb und ein Infinitiv im Satz vorkommen, kannst du dir aussuchen, ob du das Reflexivpronomen an den Infinitiv anhängen oder vor das konjugierte Hilfsverb stellen möchtest.<br>Das ist beispielsweise bei den Modalverben so, die mit dem Infinitiv verwendet werden: | Hoy quiero **acostar**me más tarde.<br>Ich möchte heute später ins Bett gehen.<br>oder<br>Hoy me quiero **acostar** más tarde.<br>Ich möchte heute später ins Bett gehen. |

Du erkennst die spanischen reflexiven Verben daran, dass im Infinitiv ein „se“ angehängt wird: **duchar**se, **poner**se, **despertar**se

Das ist wichtig, denn manche Verben werden im Spanischen reflexiv gebraucht, im Deutschen aber nicht – oder umgekehrt:
→ acostarse – aufstehen
→ quedar con amigos – sich mit Freunden verabreden

Von manchen nicht reflexiven Verben gibt es auch eine reflexive Form, dann kommt es aber zu einer Bedeutungsänderung:

→ **Llamo** a mis amigos. (Ich rufe meine Freunde (an).)

→ Me **llamo** Pablo. (Ich heiße Pablo.)

→ **Quedo** con Miriam. (Ich verabrede mich mit Miriam.)

→ Me **quedo** en casa. (Ich bleibe zuhause.)

## 5 1.5 El imperativo Der Imperativ

Möchtest du jemanden auffordern, etwas zu tun, gebrauchst du den Imperativ.

→ ¡Corta la cebolla! (Schneide die Zwiebel!)

→ ¡Hablad más alto! (Sprecht lauter!)

→ ¡Sal de la cocina, Speedy! (Verschwinde aus der Küche, Speedy!)

Sprichst du eine Person an, brauchst du den Imperativ der 2. Person Singular (tú). Dieser entspricht praktischerweise der 3. Person Singular des Verbs.

| Verben auf -ar | | Verben auf -er | | Verben auf -ir | |
|---|---|---|---|---|---|
| 3. Pers. Sg. Präsens (él/ella/usted) | Imperativ (tú) | 3. P. Sg. Präsens (él/ella/usted) | Imperativ (tú) | 3. P. Sg. Präsens (él/ella/usted) | Imperativ (tú) |
| toma | ¡Toma! | come | ¡Come! | escribe | ¡Escribe! |
| empieza | ¡Empieza! | vuelve | ¡Vuelve! | duerme | ¡Duerme! |

Es gibt auch hier einige Ausnahmen:

| | | | |
|---|---|---|---|
| decir | → ¡di! | salir | → ¡sal! |
| hacer | → ¡haz! | ser | → ¡sé! |
| ir | → ¡ve! | tener | → ¡ten! |
| poner | → ¡pon! | venir | → ¡ven! |

Sprichst du *mehrere* Personen an, brauchst du den Imperativ der 2. Person Plural (vosotros). Dieser wird gebildet, indem du das -r des Infinitivs durch ein -d ersetzt.

→ tomar: toma + -d → ¡Tomad!

→ comer: come + -d → ¡Comed!

→ escribir: escribi + -d → ¡Escribid!

## 5 2 El presente continuo Die Verlaufsform

Aus dem Englischen kennst du bereits die häufig gebrauchte Verlaufsform, das *present progressive*, für Handlungen, die in diesem Moment passieren.

→ What **are** you **doing** at the moment, Tim? – I'**m watching** TV, Mum.

Im Spanischen verwendest du das *presente continuo (estar + gerundio)*, wenn du ausdrücken möchtest, dass eine Handlung gerade in diesem Moment stattfindet.

→ ¿Qué **estás haciendo**, Daniel? –**Estoy viendo** la tele, mamá.

Das *presente continuo* bildest du mit einer konjugierten Form des Verbs **estar** und dem **gerundio**:

| **Verben auf -ar: Stamm + -ando:** | **Verben auf -er/-ir: Stamm + -iendo** |
|---|---|
| hablar: habl- + -ando → **hablando** | comer: com- + -iendo → **comiendo**<br>vivir: viv- + -iendo → **viviendo** |

Unregelmäßige Formen:

→ leer → leyendo

→ ir → yendo

Bei Verben mit Vokaländerung, die auf *-ir* enden, verändert sich auch beim *gerundio* der Stammvokal:

→ preferir (e → ie): prefiriendo

## 5 3 La perífrasis del futuro Das *Futuro inmediato*

Um Pläne und Absichten auszudrücken, um also zu sagen, dass etwas in der Zukunft stattfinden wird, nutzt du im Spanischen die Umschreibung mit *ir a + infinitivo*:

→ El próximo sábado **vamos a salir** de viaje. (Am kommenden Samstag werden wir verreisen.)

| | Präsensform von ir | | Infinitiv |
|---|---|---|---|
| yo | voy | | caminar |
| tú | vas | | ganar |
| él/ella/usted | va | | hacer |
| nosotros/as | vamos | a | traer |
| vosotros/as | vais | | escribir |
| ellos/as/ustedes | van | | salir |

## 5 4 El pretérito indefinido Das *Pretérito indefinido*

Mit dem *pretérito indefinido* kannst du Ereignisse und Handlungen beschreiben, die bereits in der Vergangenheit stattgefunden haben und somit abgeschlossen sind.

Ayer **fui** al cine con mis amigos. (Gestern bin ich mit meinen Freunden ins Kino gegangen.)

Después **cenamos** en el centro. (Danach haben wir im Zentrum zu Abend gegessen.)

Regelmäßige Formen (formas regulares):

| | verbos en -ar: tomar (nehmen) | verbos en -er: comer (essen) | verbos en -ir: vivir (leben) |
|---|---|---|---|
| yo | tom**é** | com**í** | viv**í** |
| tú | tom**aste** | com**iste** | viv**iste** |
| él/ella/usted | tom**ó** | com**ió** | viv**ió** |
| nosotros/as | tom**amos** | com**imos** | viv**imos** |
| vosotros/as | tom**asteis** | com**isteis** | viv**isteis** |
| ellos/as/ustedes | tom**aron** | com**ieron** | viv**ieron** |

Wichtige unregelmäßige Formen (formas irregulares):

| | ser/ir | hacer | tener | estar |
|---|---|---|---|---|
| yo | fui | hice | tuve | estuve |
| tú | fuiste | hiciste | tuviste | estuviste |
| él/ella/usted | fue | hizo | tuvo | estuvo |
| nosotros/as | fuimos | hicimos | tuvimos | estuvimos |
| vosotros/as | fuisteis | hicisteis | tuvisteis | estuvisteis |
| ellos/as/ustedes | fueron | hicieron | tuvieron | estuvieron |

Die Formen von **tener** und **estar** im *pretérito indefinido* sind (bis auf die Vorsilbe es-) identisch!

Bei manchen Verben muss im *pretérito indefinido* die Schreibweise angepasst werden, damit die Aussprache bestehen bleibt.

| | z → c<br>z. B. empezar, organizar, … | c → qu<br>z. B. buscar, sacar, tocar … | g → gu<br>z. B. jugar, llegar, pagar … |
|---|---|---|---|
| yo | empe**cé** | bus**qué** | pa**gué** |
| tú | empezaste | buscaste | pagaste |
| él/ella/usted | empezó | buscó | pagó |
| nosotros/as | empezamos | buscamos | pagamos |
| vosotros/as | empezasteis | buscasteis | pagasteis |
| ellos/as/ustedes | empezaron | buscaron | pagaron |

Vielleicht kennst du aus dem Englischunterricht die *signal words*, die dir anzeigen, wann du das *past tense* gebrauchen musst. Im Spanischen gibt es ebenfalls diese Signalwörter:

→ **Ayer** vine a Barcelona.
(Gestern kam ich nach Barcelona.)

→ **El mes pasado** estuve enfermo.
(Letzten Monat war ich krank.)

→ El futbolista Messi nació **en 1987**.
(Messi wurde 1987 geboren.)

**weitere Signalwörter für das *pretérito indefinido*:**

anoche (gestern Abend) • anteayer (vorgestern) • el año pasado (letztes Jahr) • el verano pasado (letzten Sommer) • aquel día (an jenem Tag) • en noviembre (im November)

Do

## 6 Los adjetivos Die Adjektive

Adjektive begleiten meist ein Substantiv und beschreiben dieses näher. In der Regel stehen die Adjektive im Spanischen nach dem Substantiv, auf das sie sich beziehen:

→ Mi primo Sebastián es muy **divertido**. (Mein Cousin Sebastián ist sehr lustig.)

→ La mujer **delgada** y **baja** es mi tía Tanja. (Die schlanke, kleine Frau ist meine Tante Tanja).

Im Spanischen musst du die Adjektive immer in Geschlecht (männlich und **weiblich**) und Zahl (**Singular** und **Plural**) an das Substantiv angleichen:

→ el hijo pequeño (männlich/Singular) → la hija pequeña (weiblich/Singular)

→ los hijos pequeños (männlich/Plural) → las hijas pequeñas (weiblich/Plural)

## 6 1 El género de los adjetivos Das Geschlecht der Adjektive

Da die Substantive im Spanischen nur zwei Geschlechter haben können, also männlich oder weiblich sind, können die Adjektive auch nur männlich oder weiblich sein.

| Endung des Adjektivs | männlich | | weiblich | |
|---|---|---|---|---|
| | Singular | Plural | Singular | Plural |
| -o/a | el chico alto | los chicos altos | la chica alta | las chicas altas |
| -or/ora | el chico hablador | los chicos habladores | la chica habladora | las chicas habladoras |
| -és/esa | el profe inglés | los profes ingleses | la profe inglesa | las profes inglesas |
| -án/ana | el tío alemán | los tíos alemanes | la tía alemana | las tías alemanas |
| -e | el cine grande | los cines grandes | la familia grande | las familias grandes |
| -a | el vestido rosa | los vestidos rosa(s) | la camisa rosa | las camisas rosa(s) |
| -ista | el niño optimista | los niños optimistas | la niña optimista | las niñas optimistas |
| Konsonant | el cumple genial | los cumples geniales | la fiesta genial | las fiestas geniales |

Die Adjektive, die auf -e, -ista oder auf einen Konsonanten enden, haben dieselbe Endung für männliche und weibliche Substantive.

## 6 2 El plural de los adjetivos Der Plural der Adjektive

Die Pluralbildung funktoniert bei den Adjektiven wie bei den Substantiven. Entscheidend ist auch hier die Endung des Wortes:

Endet das Adjektiv auf einen Vokal → + s

la familia grande → las familias grandes

Endet das Adjektiv auf einen Konsonanten → + es

la fiesta genial → las fiestas geniales

Eine Ausnahme bilden die Farbadjektive, die sich von einer Blume oder Obst ableiten lassen: **naranja**, **rosa**, **lila** und **violeta**. Sie werden in der Regel im Plural nicht angeglichen, allerdings gibt es die Pluralform. Du kannst dir also aussuchen, ob du sie im Plural angleichen möchtest oder nicht.

## 6 3 *ser* y *estar* con adjetivo Die Verben *ser* und *estar* mit Adjektiv

Im Deutschen haben wir für die Bedeutung *sein* nur dieses eine Verb. Im Spanischen hingegen musst du je nach Bedeutung zwischen *ser* und *estar* unterscheiden. G 5.1.2a

| | |
|---|---|
| Möchtest du ausdrücken, dass eine Person über eine bleibende Charaktereigenschaft verfügt, also immer so ist, verwendest du **ser**. | Wenn diese Person sich aber nur zu einem bestimmten Zeitpunkt in diesem Zustand befindet, brauchst du das Verb **estar**. |
| Sofia normalmente **es activa**, … | … pero hoy **está tranquila**. |

Bei manchen Adjektiven ändert sich sogar die Bedeutung, je nachdem, ob du **ser** oder **estar** mit ihnen verwendest.

→ Él es aburrido. → Er ist langweilig/ein langweiliger Mensch.

→ Él está aburrido. → Er ist gelangweilt./Ihm ist langweilig.

| ser + Adjektiv | | estar + Adjektiv | |
|---|---|---|---|
| ser aburrido | langweilig sein | estar aburrido | gelangweilt sein |
| ser listo | schlau sein | estar listo | fertig sein |
| ser rico | reich sein | estar rico | gut schmecken |
| ser vivo | lebhaft sein | estar vivo | am Leben sein |

## 7 Las preposiciones Die Präpositionen

Wenn du ausdrücken möchtest, wie zwei Dinge und/oder Personen zueinander stehen, benötigst du Verhältniswörter, die Präpositionen (unter, über, mit, nach, zwischen …). Die Präpositionen sind unveränderlich.

| | | |
|---|---|---|
| de | aus<br>von<br>über | La familia Dörfler es **de** Alemania. (Familie Dörfler kommt aus Deutschland.)<br>Sofia es la hermana **de** Daniel. (Sofia ist die Schwester von Daniel.)<br>Hablan **de** sus vacaciones. (Sie reden über ihre Ferien.) |
| a | nach<br>zu | Viajamos **a** México. (Wir reisen nach Mexiko.)<br>Sofia va **a** casa de Lupe. (Sofia geht zu Lupe.) |
| en | in<br>an | Los abuelos viven **en** Málaga. (Die Großeltern leben in Málaga.)<br>Mi prima estudia **en** la universidad. (Meine Cousine studiert an der Universität.) |
| para | für | Tengo un regalo **para** Daniel. (Ich habe ein Geschenk für Daniel) |
| con | mit<br>bei | ¿Vienes **con** nosotros? (Kommst du mit uns?)<br>**Con** este calor vamos a la playa. (Bei dieser Hitze gehen wir an den Strand.) |

Die Präpositionen **a** und **de** verschmelzen nur mit dem bestimmten männlichen Artikel:

**de** + **el** → **del** → Hay videos del colegio en internet. (Im Internet gibt es Videos von der Schule.)

**a** + **el** → **al** → ¡Vamos al comedor! (Lasst uns in die Cafeteria gehen!)

**aber:**

Este es el boli **de la** chica. (Das ist der Kuli des Mädchens.)

**A la** izquierda hay un laboratorio. (Auf der linken Seite ist ein Labor.)

Die Präposition **a** wird außerdem nach dem Verb benutzt, wenn danach eine Person oder ein dir nahestehendes Tier folgen und dieses Wort im Akkusativ steht:

Daniel busca **a** Speedy. (Daniel sucht Speedy.)

Los alumnos escuchan **al** profesor. (Die Schüler hören dem Lehrer zu.)

## 7 1 Las ubicaciones Die Ortsangaben

Auch die meisten Ortsangaben werden mit Präpositionen gebildet.

| | |
|---|---|
| a la derecha **del/de la** … | rechts von … |
| a la izquierda **del/de la** … | links von … |
| al lado **del/de la** … | neben … |
| enfrente **del/de la** … | gegenüber von … |
| encima **del/de la** … | über … |
| debajo **del/de la** … | unter … |
| delante **del/de la** … | vor … |
| detrás **del/de la** … | hinter … |
| entre el/la … y el/la … | zwischen … und … |

## 7 2 La hora Die Zeitangaben

Die Uhrzeit gibst du im Spanischen immer mit dem Verb **ser** (es/son) und dem bestimmten Begleiter (**la**/**las**) an:

Es la una. (Es ist ein Uhr.)

Son las seis. (Es ist sechs Uhr.)

Son las cuatro **y cuarto**. (Es ist Viertel nach vier.)

Son las cinco **y media**. (Es ist halb sechs.)

Son las cinco **menos cuarto**. (Es ist Viertel vor fünf.)

Auf Deutsch fragst du nach der „Uhr“ , im Spanischen nach der Stunde!

→ Wieviel Uhr ist es? = ¿Qué hora es?

Nach Uhrzeiten fragst du so:
¿Qué hora es? = Wieviel Uhr ist es?
¿**A** qué hora? = **Um** wieviel Uhr?

Wenn es im Spanischen also nur „eine Stunde“ ist, musst du den Singular verwenden: **Es la una.** Ansonsten sind es immer mehrere Stunden: **Son las seis.**

Die Uhrzeiten gibt man nur mit den Zahlen bis zwölf an:

→ Son las ocho y media.

Damit es nicht zu Missverständnissen kommt, welche Uhrzeit man meint (8:30 Uhr oder 20:30 Uhr), oder wenn man es stärker betonen möchte, kann noch eine genauere Tageszeitangabe verwendet werden:

→ Van al colegio a las nueve **de la mañana**.
(Sie gehen um neun Uhr **morgens** in die Schule.)

→ Son las doce **del mediodía**. (Es ist zwölf Uhr **mittags**.)

→ ¿Quedamos a las cinco **de la tarde**? (Treffen wir uns um fünf Uhr **nachmittags**?)

→ ¿Por qué me llamas? ¡Es la una **de la noche**! (Warum rufst du an? Es ist ein Uhr **nachts**!)

Im Englischen gibst du die Tageszeit auch mit an:

→ It is 4 a.m.

→ It is 4 p.m.

## 8 La negación Die Verneinung

Wenn du eine Aussage verneinen möchtest, brauchst du das Wort **no**.
**No** steht immer vor der konjugierten Verbform.

→ Hoy **no** voy al cole porque es domingo.
(Heute gehe ich nicht zur Schule, weil Sonntag ist.)

Beantwortest du eine Frage mit nein, also **no**, und verneinst den Fragesatz, steht das **no** sogar zweimal hintereinander. Das liegt daran, dass **no** im Spanischen sowohl *nein* als auch *nicht* oder *kein/e* bedeuten kann.

→ ¿Te gusta el color rojo?
–**No**, **no** me gusta.
(Nein, sie gefällt mir nicht.)

## 9 El acento y la tilde Die Betonung und der Akzent

Für mehrsilbige Wörter gelten folgende Regeln:

| Wortende | Betonung | Beispiel |
|---|---|---|
| *[Vokal]*<br>n<br>s | vorletzte Silbe | ma**ña**na<br>e**xa**men<br>**tar**des |
| *[Konsonant]* (außer n oder s) | letzte Silbe | ciu**dad**, regu**lar**, espa**ñol** |
| Alle Ausnahmen werden auf derjenigen Silbe betont, die Akzent trägt. | | oc**é**ano, alem**á**n, f**ú**tbol |

Tragen i oder u in einer Vokalkombination einen Akzent, werden die Buchstaben als getrennte Vokale in getrennten Silben gesprochen.

→ d**í**-as, Ma-r**í**-a, pa-**ís**

Trägt jedoch in einer Vokalkombination der andere Vokal (also nicht i oder u) einen Akzent, bedeutet das, dass die ganze Silbe betont ist – du sprichst also nicht *tam-bi-én,* sondern *tam-bién.*

→ ad**ió**s, d**iá**logo, tamb**ié**n

Einsilbige Wörter tragen nur dann einen Akzent, wenn man sie sonst mit anderen Wörtern verwechseln könnte:

| | | | | |
|---|---|---|---|---|
| él | er | ⟷ | el | der |
| tú | du | ⟷ | tu | dein |

Frage- und Ausrufewörter tragen ebenfalls Akzent:

→ ¿qué? was?

→ ¿cómo? wie?

→ ¡qué tarde! wie spät (es doch ist)!